Garfield

ALBUM GARFIELD #33

PRESSES AVENTURE

Publié par **Presses Aventure,** une division de
Les Publications Modus Vivendi inc.
55, rue Jean-Talon Ouest, 2ᵉ étage
Montréal (Québec)
Canada
H2R 2W8

Infographie : Modus Vivendi
Version française : Marc Alain

Dépôt légal – Bibliothèque et Archives nationales du Québec, 2008
Dépôt légal – Bibliothèque et Archives Canada, 2008

ISBN : 978-2-89543-760-4

Nous reconnaissons le soutien financier du gouvernement du Canada par l'entremise du Programme d'aide au développement de l'industrie de l'édition (PADIÉ) pour nos activités d'édition.

Gouvernement du Québec – Programme de crédit d'impôt pour l'édition de livres – Gestion SODEC

Imprimé en Chine

JIM DAVIS

JiM DAViS

11-23

ALLÔ? L'HÔPITAL PSYCHIATRIQUE? ACCEPTEZ-VOUS LES ANIMAUX?

HA HA HA HA HA HA HA HA HA

LES CHATS PEUVENT S'HABITUER À LA LAISSE SI VOUS VOUS ACCROCHEZ À L'IDÉE

JIM DAVIS   12-21

PAS DE PROBLÈME, SERGENT, JE VAIS DÉTRUIRE CE NID DE MITRAILLEUSES AVEC MON BAZOOKA

ALORS C'EST ÇA LA VIE DE SALADE DE PATATES?

12-28

RHETT. OH RHETT, QU'EST-CE QUE JE VAIS FAIRE? OÙ VAIS-JE ALLER?

CONDUIS-MOI À TON CHEF, TERRIEN, OU JE TE PULVÉRISE LA FACE

C'EST DE LA BOUFFE POUR MANGER, GARFIELD

QU'ESSAIES-TU DE FAIRE? ME RENDRE MALADE OU QUOI?

JIM DAVIS

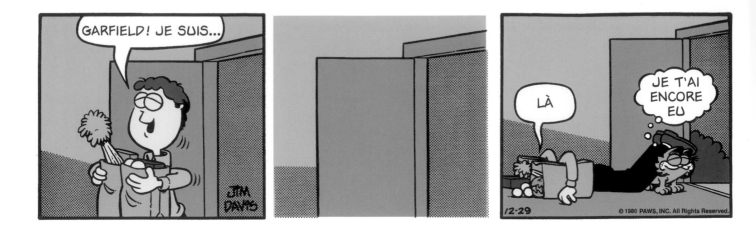

ON VA FAIRE UNE PETITE RANDONNÉE GARFIELD

SUPER

JIM DAVIS

SENS-MOI L'AIR FRAIS DE LA CAMPAGNE

SNIFF ATCHOU!

C'EST L'APPEL D'UNE ESPÈCE MOINS CONNUE DE LA FAMILLE DE HÉRONS

WAKA WAKA

WAKA SMAKA

PRAIRIES VERDOYANTES, FORÊTS LUXURIANTES, MONTAGNES MAJESTUEUSES

1-18

AS-TU DÉJÀ VU UNE TELLE SPLENDEUR?

ADORABLE

JE VOIS D'ICI LES GRANDS TITRES

«UN CHAT KIDNAPPÉ»

1-22

© 1981 PAWS, INC. All Rights Reserved.

«ET UN CANARD ATTRAPE UNE HERNIE»

ÇA A L'AIR TRÈS SIMPLE DE VOLER

© 1981 PAWS, INC. All Rights Reserved.

1-23

AARRRRGG

OH PEUH!

OH CHOUETTE

FOURRIÈRE

OH PEUH!

1-24

© 1981 PAWS, INC. All Rights Reserved.

EH BIEN, NOUS VOICI AU CŒUR DE LA NATURE SAUVAGE, GARFIELD. OUVRE L'ŒIL, IL POURRAIT Y AVOIR DES ANIMAUX SAUVAGES

QUOI?!

QUOI?!

TU TE MOQUES DE MOI, N'EST-CE PAS?

OH NON, PAS CETTE FOIS, GARFIELD

ON N'EST PAS DANS PIERRE ET LE LOUP, GARFIELD

5-24

JIM DAVIS